童眼识天下 科普馆

KONG LONG WANG GUO
恐龙王国

童心○编绘

化学工业出版社

·北京·

U0314334

编绘人员：

王艳娥　王迎春　康翠苹　崔　颖　王晓楠　姜　茵
李佳兴　丁　雪　李春颖　董维维　陈国锐　寇乾坤
王　冰　张玲玮　盛利强　边　悦　王　岩　李　笪
张云廷　陈宇婧　宋焱煊　赵　航　于冬晴　杨利荣
张　灿　李文达　吴朋超　曲直好　付亚娟　陈雨溪
刘聪俐　陈　楠　滕程伟　高　鹏　虞佳鑫

图书在版编目（CIP）数据

童眼识天下科普馆 . 恐龙王国 / 童心编绘 . —北京：化
学工业出版社，2017.9（2025.1重印）
ISBN 978-7-122-30235-9

Ⅰ . ①童… Ⅱ . ①童… Ⅲ . ①常识课 - 学前教育 -
教学参考资料 Ⅳ . ①G613

中国版本图书馆 CIP 数据核字（2017）第 167539 号

项目策划：丁尚林		责任校对：王　静
责任编辑：隋权玲		封面设计：刘丽华

出版发行：化学工业出版社(北京市东城区青年湖南街13号　邮政编码100011)
印　　装：北京宝隆世纪印刷有限公司
889mm×1194mm　1/20　印张4　2025年1月北京第1版第15次印刷

购书咨询：010-64518888　　　　　　售后服务：010-64518899
网　　址：http://www.cip.com.cn
凡购买本书，如有缺损质量问题，本社销售中心负责调换。

定　　价：19.80元　　　　　　　　　　　　　　　　版权所有　违者必究

恐龙最早出现在2亿多年前的三叠纪晚期，灭绝于6600万年前的未知灾难，在地球上生活了大约1.6亿年。在那段漫长的岁月里，它们从弱小走向强大，一步步建立强盛的"恐龙帝国"，成为陆地的统治者。

恐龙刚刚出现的时候，个头都不大，始盗龙、南十字龙就是这样体态轻盈的捕食者。等到了恐龙发展的"黄金时期"——侏罗纪，恐龙的体形变得越来越大，腕龙、梁龙等恐龙巨无霸出现了。到了白垩纪，庞大的恐龙帝国步入巅峰，霸王龙、鸭嘴龙等恐龙明星相继出现。

恐龙的种类很多，有喜欢吃肉的，有喜欢吃素的，还有荤素不忌的杂食者。想不想去神秘的恐龙帝国看一看？那还等什么？快走进《恐龙王国》一书吧。

目录
CONTENTS

46

10

38

68

黎明的盗贼——始盗龙

始盗龙踏上三叠纪大地那一刻，就正式宣告了恐龙王朝的到来！始盗龙是地球上最古老的恐龙之一。小巧灵活的身体，锋利无比的牙齿和爪子，都是始盗龙迅速捕杀猎物的利器。

矮小的恐龙祖先

始盗龙可以说是后来出现的许多恐龙的祖先，但是这个祖先可不像它的后代那样高大威猛。始盗龙的个头很小，成年后也就只有1米长，重量约有10千克。可以想象，它的体形也就和7岁的孩子差不多。不过，千万不要小瞧它，它可有着"黎明掠夺者"的称号，在当时比许多陆地动物都要厉害呢！

它不挑食

当始盗龙张开嘴巴时，你会发现它前面的牙齿很平整，形状有些像树叶，如果你就此判断它是食草恐龙的话，那可就错了。因为在始盗龙嘴巴后部，还有许多像小匕首一样锋利的牙齿呢，这可是食肉恐龙的标志。始盗龙是个杂食者，草和肉它都来者不拒。

迅猛小猎手

　　始盗龙个头不大，它的猎物也都是些小家伙。也正因为身材轻盈，始盗龙的身手非常矫健，能够快速发起急速猎杀。因此，它的猎物并不仅仅是小型爬行动物，也许还有最早的哺乳类，例如人类的祖先。

身材轻盈的南十字龙

南十字龙是已知最古老的恐龙之一。1970 年，第一具也是唯一一具南十字龙的化石，在南美洲巴西南部被发现。

善于奔跑的南十字龙

迅捷的南十字龙是最早的恐龙之一，出现于三叠纪晚期，身长 2 米左右，尾巴的长度约 80 厘米，体重可达 30 千克。南十字龙前肢纤细，后肢强壮，善于奔跑。

用星座命名

南十字龙被发现于 1970 年，当时在南半球发现的恐龙极少，因此这只恐龙的名字便以只有南半球才可以看见的星座——南十字星座来命名。

古老的恐龙

虽然南十字龙的化石记录很不完整，大部分为脊椎骨、后肢和下颌，但古生物学家还是据此推断出南十字龙是一种古老而原始的恐龙。

灵活的奔跑者——埃雷拉龙

埃雷拉龙身体小而轻盈，后腿修长有力，是一种十分善于奔跑的恐龙，堪称是恐龙王国最灵活的"猎手"之一。

敏锐的耳朵

埃雷拉龙是令其他动物恐惧的猎手，它不仅体形高大，身手敏捷，而且还有敏锐的听力。古生物学家们发现，埃雷拉龙耳朵里有保存完整的听小骨，这说明埃雷拉龙的听力很可能非常敏锐。

猎物，我来了！

埃雷拉龙经常会在植物茂盛的地方出没，别误会，它并不喜欢吃植物，去那里只是为了寻找食草动物。当埃雷拉龙发现猎物时，它就会用锋利的牙齿和有力的爪子进行攻击。猎物被打晕后，埃雷拉龙就会带着战利品赶紧离开，它可不想被其他恐龙分一杯羹。

咬住猎物不松口

埃雷拉龙是个挑食的家伙，除了肉，它对其他食物都不屑一顾。它有一张大嘴，嘴巴里还长着锋利的尖牙。埃雷拉龙可是个坚持不懈的捕食者，它只要用锋利的牙齿咬住猎物，就无论如何都不会松口。

素食巨人——板龙

　　板龙的身形远远无法和后期的恐龙相比，但在三叠纪，板龙却是恐龙王国的第一批"素食巨人"。

笨重的"巨人"

　　板龙和当时的恐龙不同，它有一个庞大的身体，6～8米的体长和3米多的身高让板龙成为了不折不扣的"巨人"。巨大的身体为板龙取食提供了便利，只要伸长脖子，高处的树叶就近在眼前了。不过，庞大的身躯也是一种负担，每当板龙站累了，它就会把尾巴当作板凳，坐下歇一歇。

行走的板龙

板龙的后肢粗长，前肢短小，按理说它应该用后肢站立行走。但板龙的身体很重，所以它平常都是用四肢行走。不过，有需要的时候，板龙会用后腿站起来。

大身材，大胃口！

板龙的身体这么大，那它每天要吃多少食物呢？的确，板龙是个不折不扣的大胃王。无论是低矮的蕨类植物，还是高处的树叶，板龙都照单全收。即便树叶比它的身体还要高，板龙也有办法吃得到，因为它可以把整棵树都推倒。

骨头中空的腔骨龙

鸟儿为什么能飞起来？除了有羽毛和翅膀，还有一个重要原因——空心的骨头。可你知道吗？有些恐龙的骨头也是空心的！

腔骨龙的体重为什么那么轻？

腔骨龙的身体有两三米长，但是它的体重只有20千克左右，它怎么会这么轻呢？答案就在它的骨头上。腔骨龙的骨骼像鸟儿一样是中空的，骨壁像纸一样薄。所以腔骨龙的体重非常轻，活动起来也是身轻如燕。

团结力量大

腔骨龙身材小，行动敏捷，集体出击的捕猎方法再适合它们不过了。腔骨龙会一小群在一起生活，一旦发现猎物，它们就会群起而攻之。贪婪的腔骨龙可并不仅仅满足于捕食小型猎物，大型的食草恐龙也是它们的袭击对象，如果狩猎成功，那它们可就能享用一顿美餐了！

没有食物怎么办？

腔骨龙虽然战斗力不俗，但食物是有限的。如果没有食物，饥饿的腔骨龙就会表现出它残忍的本性。它们同类之间会自相残杀，弱小的腔骨龙会变成强者的食物。

小个子的莱索托龙

莱索托龙生活在侏罗纪时期。这种恐龙除了个子更高、后腿很长外，模样像极了现代的蜥蜴。

小巧的身材

莱索托龙的个头很矮，身长大约只有1米，体重不足10千克，模样看起来就像是直立的大蜥蜴。莱索托龙的前肢很短，有5根手指，可以灵活地抓握东西；后肢健壮修长，这让莱索托龙能够敏捷地行动；长长的尾巴可以在它奔跑时保持身体平衡。

敌人来了，快跑！

莱索托龙的个头小，又生活在不易隐藏的半沙漠区，这让它很容易成为食肉恐龙的猎物。不过，幸亏莱索托龙身体轻巧、后肢有力，遇到敌人时可以迅速逃跑。莱索托龙经常小群地生活在一起，这可以使它们更好地保护自己。正因如此，莱索托龙才能在危机四伏的环境中顽强地生存下来。

吃饭时也要保持警惕！

　　莱索托龙短小的前肢非常灵活，可以采集树叶等食物。它的嘴边有角质的覆盖物，能把植物切碎，然后再交给嘴里的牙齿慢慢处理。莱索托龙非常警惕，即便在吃饭时也会保持紧张的状态，它会时不时地抬起头向四周张望，防止食肉恐龙突然袭击。

拥有巨大脊椎骨的大椎龙

古生物学家第一次发现大椎龙化石时，只有几块巨大的脊椎骨，因此这种恐龙便被称为大椎龙。

抬头挺胸走起来

大椎龙的个子很高，它的脖子和尾巴都很长，相比之下头就显得很小，这样一来，当大椎龙用两条后腿站立时，头的重量并不会给它很大的负担。平时，大椎龙在走路时会保持抬头挺胸的姿势，粗壮的长尾巴可以起到平衡的作用。

胃石

大椎龙的牙齿大多非常扁平，而且都比较小，不能把食物完全嚼碎，因此，大椎龙会吞食一些鹅卵石，吃进胃里充当碾磨器，将不容易消化的食物捣碎，以更好地消化和吸收营养物质。因此，大椎龙不会很挑食，因为那些粗糙的食物对它来说简直是小菜一碟。

到底吃什么？

　　大椎龙到底爱吃什么食物，就连古生物学家们也说不准。一直以来，人们一直以为大椎龙应该是食草恐龙。但是有古生物学家提出了异议，因为大椎龙前排的牙齿非常坚固，而且还有锯齿边缘，这与食肉恐龙很像，他们据此推断大椎龙也许是杂食性恐龙，前排的牙齿负责撕咬肉类，后面的牙齿用来咀嚼植物。

戴 "V" 字头冠的 双嵴龙

双嵴（jí）龙的样子有没有让你觉得很眼熟？没错，在《侏罗纪公园》中就有它的精彩演出。当然，它的名字自然是源于头顶那高耸的骨质头冠。

独特的外形

　　虽然恐龙家族的成员们各具特色，但想要一下子就认出它们也不是容易的事。不过有些恐龙只看一眼你就能叫出它们的名字，比如双嵴龙。双嵴龙身长达 6 米，站立时有 2.4 米高，"V" 字形头冠是它最特别的标志。

脆弱的头冠

说到双嵴龙最大的特征，那一定是它头顶上一对薄薄的"V"字形头冠。那么，这两片头冠到底有什么用呢？对此古生物学家们有两种猜测：一种猜测认为头冠是双嵴龙吓退敌人的武器，双嵴龙遇到敌人时，会摇动头冠吓唬敌人；另一种猜测认为，头冠是双嵴龙吸引异性的工具，因此头冠的颜色应该非常鲜艳。

敏捷的捕猎

与其他大型食肉恐龙相比，双嵴龙的身材显得十分"苗条"，行动起来也更加敏捷，粗壮的后肢显示它的奔跑速度会很迅速，这样的优势让双嵴龙更容易捕捉到猎物。另外，双嵴龙的鼻嘴前端非常狭窄，可以把藏在矮树丛中或石缝里的小型猎物叼出来吃掉。

刺猬一样的沱江龙

中国是沱江龙的故乡，沱江龙也是中国最负盛名的恐龙之一。坚硬的骨板和锐利的尾刺让沱江龙看上去就很不好惹。

骨板

要说剑龙类恐龙中谁身上的剑板最多，那一定就是沱江龙了。沱江龙长着至少 15 对骨板，尾巴上还有 4 根细长的圆锥形尖刺。另外，沱江龙的骨板形状多种多样，从脖子到背脊，骨板逐渐变大、变高，也越来越尖利。

日光浴

沱江龙的背板和现在的太阳能板一样，可以从阳光中吸取热量。在寒冷的天气里，沱江龙利用背板吸收热量，然后通过血液把热量传遍全身，这样就会觉得暖和了。

枝叶和石子一起吃

　　沱江龙的主要食物是植物的枝叶，但是它的嘴巴前半部分没有牙齿，后半部分的牙齿又非常纤弱，枝叶对它来说有些坚硬。因此沱江龙也像大椎龙一样，会吞食一些石子，这些石子可以帮助它把那些咀嚼不充分的食物磨碎，以便更好地消化吸收。

长着可怕牙齿的斑龙

恐龙最早出现在三叠纪，但是第一只被命名的恐龙却生活在侏罗纪，它就是斑龙，也被称为巨齿龙。

最早被命名

1677 年，一个英国牧师发现了巨齿龙的骨骼，但是那时他并不知道这巨大的骨骼属于什么动物。直到 1823 年，英国地质古生物学家威廉姆·巴克兰才作出了科学的研究和描述，并把它命名为巨齿龙。

大牙齿

巨齿龙，听名字就知道它有一口巨大的牙齿。的确，巨齿龙有一张可怕的大嘴，嘴里布满又大又尖的牙齿，每枚牙齿都有 10 厘米长，顶端还有锯齿，弯曲的样子像是一排排匕首。另外，它的旧牙脱落后，还会有新的牙齿长出来。巨大的嘴巴、锋利的牙齿，不难想象巨齿龙有多凶猛！

凶猛的猎手

巨齿龙是一种大型食肉恐龙，笨重的身体让它的行动不那么敏捷，但这并不影响它成为凶猛的猎手。巨齿龙身体强壮，拥有锋利的牙齿，另外它的爪子也是厉害的攻击武器，长长的利爪可以轻松撕开猎物的皮肉，再加上锲而不舍的捕猎精神，只要被巨齿龙盯上，猎物可就要倒霉了。

鼻子上长角的角鼻龙

如果提到鼻子上长角的动物，你最先想到的也许是犀牛吧。但你知道吗？在恐龙家族中，也有鼻子上长角的成员呢，角鼻龙就是这样。

神秘的角

角鼻龙的外貌与其他食肉恐龙没有什么太大的区别，与众不同的是角鼻龙鼻子上方有一只短角，两眼前方也有两个小"角"，正因如此它才被称为角鼻龙。但是，角鼻龙的"角"有什么用呢？如果说是用来打斗，这个"角"未免太小了，因此有的古生物学家推测，"角"只是角鼻龙的装饰品罢了。

群体出击

角鼻龙身长 4.5～6 米，体重大约 1 吨，这样的体形虽然并不算小，但是在"巨龙"争霸的侏罗纪，角鼻龙并没有任何优势。因此，角鼻龙常常会成群结队地去捕食猎物，只有这样它们才能在竞争残酷的侏罗纪生存。

著名猎手

角鼻龙是侏罗纪著名的猎手，它有一个大脑袋以及一张血盆大口，嘴里布满了尖利的牙齿；强健的后肢和修长的尾巴让它能快速奔跑；锋利带钩的爪子更是它的有力武器。角鼻龙十分凶残，在搏斗时会拼命地撕咬、撞击。

侏罗纪怪兽——异特龙

侏罗纪时代，北美地区出现了一种可怕的恐龙，它数量众多，凶猛残忍，四处劫杀抢掠，在当时的世界里几乎没有一种恐龙能与之抗衡，即使是体形巨大的食草恐龙也常常被它放倒在地，它就是异特龙。

大嘴尖牙

异特龙大大的嘴巴可以吞下一头小猪。它嘴里长满了尖牙，长约 10 厘米的牙齿每颗都非常锋利；牙齿上还有向后弯曲的倒钩，猎物只要被它咬住就休想脱身；而且即便牙齿脱落了或在战斗时被弄掉了，新的牙齿也会很快就长出来填补空缺。

利爪

异特龙的后肢高大粗壮，非常适合奔跑，而且跑起来速度不会太慢。它的前肢比较短小，但却非常强壮，还有锋利的尖爪，这正是异特龙的捕食利器。

无敌杀手！

异特龙是凶猛的捕食者，它处于侏罗纪食物链的最顶层，大型食草恐龙是它的猎物。异特龙集所有猛兽的特性于一身，利爪、尖牙、庞大的身躯、强悍的战斗力，此外它还有一个大脑袋，因而也许异特龙还比其他恐龙聪明。异特龙总是成群捕猎，面对这样强大的猎食军团，相信没有什么动物能躲得过它们的攻击。

脾气暴躁的永川龙

永川龙脾气很暴躁，常常无缘无故地发火，就算吃得饱饱的，只要看见那些性格柔弱、好欺负的食草恐龙，它也会发起攻击。

永川龙的模样

永川龙是一种大型食肉恐龙，身体大约有 10 米长。嘴巴里长满了锋利的牙齿，就像一把把匕首。永川龙的尾巴很长，站立时可以用来支撑身体，奔跑时还能当"平衡器"。

轻松捕食

永川龙奔跑起来十分迅速，它的前肢短小但灵活，可以很轻巧地抓住猎物。那些性情温和的食草恐龙，只要被永川龙盯上，就难逃一劫了。

孤僻的猎食者

永川龙常常在丛林和湖滨出没，它性格孤僻，就像现在的豹子和老虎一样，喜欢单独行动。

笨笨的剑龙

说起剑龙，首先想到的就是它背部长着的又大又恐怖的骨板。在人们的眼里，剑龙是一种十分厉害的恐龙，可实际上，剑龙的性格十分温和，跟它的外表截然相反。

核桃般的大脑

剑龙的身体和一头大象差不多，但是它的大脑却小得像颗核桃，可以想象剑龙有多笨了。面对如此庞大的身体，剑龙的大脑根本无法"指挥"，所以剑龙总是一副呆头呆脑的样子，就算情况危急，它的反应也总是很"淡定"，或者干脆说是迟钝吧。

长寿之谜

虽然剑龙笨笨的，但是它的寿命却很长，有些古生物专家猜测，剑龙其实有两个大脑！一个在它的脑袋里，是"主脑"；还有一个长在它的屁股上，是"副脑"。在这两个大脑的配合指挥下，剑龙的生存智慧越来越高，生存能力也越来越强，所以它才会很长寿。

骨板有什么用？

要说剑龙最大的特点，应该就是它背上两排大大的骨板了。剑龙的骨板用处可不少：首先它是一种装饰物，可以帮剑龙迷惑敌人；还有人认为骨板能帮剑龙调节体温，当剑龙体温太高时，血液可以通过骨板散发热量；另外，骨板还是剑龙区别于其他恐龙的一大标志，可以说骨板就是剑龙的"身份证"。

被冤枉的嗜鸟龙

嗜鸟龙，听这个名字，你一定会以为它最喜欢的食物是鸟类吧？但是没有证据能够证明它真的捕食过鸟类或是始祖鸟，也许嗜鸟龙是被冤枉的。

嗜鸟龙被冤枉了吗？

嗜鸟龙的拉丁名意思是"捕鸟者"，之所以给它取这样一个名字，是因为它和始祖鸟生活在同一个年代，而且嗜鸟龙也有能力捕捉到始祖鸟。但实际上，并没有确凿的证据证明它曾经捕食过鸟类。不过，即便不吃鸟，嗜鸟龙也并不是个素食者，小型的哺乳动物和小恐龙都逃不过嗜鸟龙的追捕。

小巧强悍的猎手

　　嗜鸟龙身材小巧，它身长约 2 米，体重只有 12 ～ 15 千克。它的行动非常敏捷，强健的后肢让它奔跑起来非常迅速。它的视力超群，可以敏锐地发现藏起来的小动物。另外，嗜鸟龙的前肢也是捕猎的重要武器，能够弯曲的爪子可以紧紧抓住猎物，锋利的牙齿更是能死死咬住猎物，令它们无法逃脱。

小不点儿 美颌龙

侏罗纪虽然是"巨龙时代"，但是同样生活着小型恐龙。生活在侏罗纪晚期的美颌龙就是恐龙家族最小的成员之一。

小巧玲珑

美颌龙是目前发现的最小的恐龙之一，长到成年也只有 1 米左右，其中尾巴的长度就占身体的一半。它的身材非常纤细，身体的各个部分都很修长。就连脖子上的脑袋、嘴巴里的牙齿都长得小巧玲珑。不过，美颌龙可不是一个温顺的家伙，实际上它非常凶，经常集体围攻比它们大的动物。

敏捷的身手

美颌龙的身体轻巧，中空的骨头，修长的后肢，细细的尾巴，都使得美颌龙行动起来非常敏捷。不仅跑得快，美颌龙还善于跳跃。发现猎物时，美颌龙会穷追不舍，即便猎物躲到树上也逃不过美颌龙的追捕，因为美颌龙还是个爬树高手呢。

和楼房一样高的梁龙

如果说起恐龙世界中的巨无霸，就不得不提梁龙了。巨大的身躯、长长的脖子和尾巴，粗壮的四肢，都显示着梁龙是恐龙家族的超级"巨龙"。

巨大的龙

梁龙的个子非常高，身体可以长到 30 米长，其中脖子的长度就超过 6 米。虽然梁龙的体形庞大，但它却没有想象中那么重，这是因为梁龙的骨头很特殊，不但密度小，骨头里面还是空心的，这样梁龙的重量就大大减轻了。

尾巴是武器

梁龙巨大的身体可以威吓肉食恐龙不敢靠近，即便真遇到胆子大的家伙，梁龙也有办法对付，尾巴就是梁龙最有力的武器。如果遇到敌人，梁龙就会用尾巴抽打对方。当然，梁龙只会用这个特殊的武器保护自己，并不会主动进攻。

鼻孔长在头顶上

梁龙巨大的身体上长着一个小小的脑袋，更奇怪的是梁龙的鼻孔长在头顶上。如果真的遇上对付不了的敌人，梁龙就躲进水里，头顶上的鼻孔可以方便梁龙呼吸。

脖子最长的马门溪龙

马门溪龙在恐龙王国获得了一项冠军称号，那就是"脖子最长的恐龙"。它的脖子到底有多长呢？一起去看看吧！

长脖子

马门溪龙的脖子长得惊人，一只身长22米的恐龙，脖子就有11米左右，相当于身体的一半！它的长脖子是由19块颈椎骨叠压在一起组成的，所以马门溪龙的长脖子不仅不灵活，还非常僵硬。幸亏马门溪龙脖子上的肌肉很强壮，否则根本无法支撑这吓人的长脖子。

小脑袋

与庞大的身躯和超长的脖子相比，马门溪龙的脑袋显得十分小巧，可能还不如它一块颈椎骨大。不过这也有道理，如果马门溪龙长了一个和异特龙一样的大脑袋，那它的脖子根本无法抬起来。

马门溪龙取名记

马门溪龙的化石是在我国四川宜宾市马鸣溪渡口旁的建筑工地上发现的，经过确认这是一个新的恐龙品种，因此根据发现地给它取名为马鸣溪龙，但偏偏研究人员说话时带有方言口音，马鸣溪龙被误听为马门溪龙，马门溪龙的名字这样被确定了。

身体像拱桥的弯龙

弯龙被称为"弯曲的蜥蜴",因为它四足站立时,身体会形成一个拱形,更特别的是,它的大腿骨也是弯曲的,因此有了"弯龙"这个名字。

一边呼吸一边吃

弯龙有很特别的牙齿,它的牙齿位于嘴巴后方,边缘非常锐利,可以切割苏铁等坚硬的植物。不仅如此,灵活的颌部关节可以前后移动,帮助弯龙把食物磨碎。另外,弯龙的口腔顶部还有一个骨质次生腭,这让弯龙可以一边进食一边呼吸。

弯龙的困扰

弯龙的体形看起来很优雅,可生活中却给弯龙带来很大烦恼。由于头部离地面很近,弯龙只能去吃那些低矮的植物,鲜嫩的树叶在它眼里完全是"高不可攀"啊!

躲起来

　　弯龙本身没有什么厉害的武器，防御敌人的唯一办法就是"躲起来"。即便在寻找食物时，弯龙也密切关注着周围的情况。一有风吹草动，弯龙或是迅速逃跑，或是赶紧躲起来。

大号的"长颈鹿"——腕龙

腕龙是恐龙家族中最高、最重的成员之一，巨大的前肢和长长的脖子让腕龙看起来像是巨型长颈鹿。

超级巨龙

身长 26 米，身高 12~16 米，体重 33~38 吨……看了这些数字后，你一定不会反对把"超级巨龙"的称号送给腕龙吧。腕龙最大的特征并不是体形庞大，而是它巨大的前肢，这也是它被称为腕龙的原因。因为前肢比后肢长，腕龙的身体向后倾斜，这一点和长颈鹿非常相似。

大食量

看到腕龙庞大的身躯，就可以想到它的饭量一定不小。的确，腕龙是个大胃王，高大的身材让腕龙可以吃到树梢的嫩叶，锋利的牙齿轻易就可以切断嫩树枝。它每天大约能吃1500 千克的食物，相当于 10 头大象的饭量。

不聪明的大块头

腕龙身体庞大，脑袋却非常小，所以它也许并不聪明。一旦遇上食肉恐龙的袭击，腕龙就会变得惊慌失措，有时还会沦为食肉恐龙的美餐。不过，如果附近有水的话，腕龙就不怕了，因为它可以躲进水里，用头顶的鼻孔呼吸，这样，食肉恐龙就只能"望水兴叹"了。

走路像打雷的迷惑龙

迷惑龙可是恐龙家族中的大明星！当一群迷惑龙从远处走来时，总是尘土飞扬，响声隆隆，就像打雷一样，所以它还有一个名字叫"雷龙"。

在森林里"扫荡"

迷惑龙体形庞大，它们经常一大群浩浩荡荡地游走，寻找食物丰富的森林。如果哪个森林被迷惑龙看中，那可就要倒霉了，因为迷惑龙是个大胃王。迷惑龙的胃里有胃石，进嘴的食物几乎不需要咀嚼就可以直接吞进肚子里，所以它们的进食速度非常快，用不了多久，这群迷惑龙就可以把森林里的嫩叶扫荡一空。

名字的故事

1879 年，古生物学家马什发现了一副不完整的恐龙骨架，通过它巨大的体形马什推测这种恐龙走路的声音很大，匆忙之间给它取名为"雷龙"。但是没想到，在此两年前被马什命名为"迷惑龙"的恐龙，和雷龙是同一种恐龙。因此，这种恐龙的正式名字应该是"迷惑龙"，但是人们仍然喜欢叫它"雷龙"。

长寿

迷惑龙家族生存了大约有1亿年，几乎经历了整个白垩纪时代，和其他恐龙相比，这样的"岁数"当然算是长寿啦！

憨厚温顺的圆顶龙

圆顶龙是恐龙王国中脾气最温顺的。它不太聪明，与同时代的梁龙、马门溪龙相比，圆顶龙的体格更加健壮，看起来非常憨厚敦实。

模样大变

圆顶龙小时候体长只有几米，身体小小的，脑袋和眼睛大大的，脖子也很短，骨骼上的骨缝还没有完全愈合。可是，它长大后，身体会变得又高又大，脑袋和眼睛就显得比较小。

吃吃吃

圆顶龙每天大部分时间都在吃东西，它庞大的身体需要许多食物来补充能量。它平时四足行走，但有时也会用粗壮的尾巴支撑身体站起来，去采摘高处的树叶。不过圆顶龙很谦让，会把树顶的嫩叶留给其他恐龙，自己就在灌木丛中寻找食物。圆顶龙吃东西时不会费力咀嚼，它有强大的消化系统，即便将整片叶子直接吞下，胃石也可以将叶子磨碎消化。

圆顶龙之名

圆顶龙有一个圆圆的头顶，那是圆顶龙名字的来源。但是圆顶龙并不聪明，它的头骨里能容纳的大脑空间很小。不过它的鼻孔却长得很大，灵敏的嗅觉有可能会帮助它躲避危险。

人类最早发现的禽龙

禽龙在恐龙王国里拥有举足轻重的地位。因为人类发现的第一块恐龙化石就是禽龙的，同时它也是第二种被正式命名的恐龙。

世界名"龙"

如果你对恐龙有所了解，就一定听过禽龙的名字，它是历史上有记载的最早被挖掘出来的恐龙，也是第二种被人类正式命名的恐龙。它的牙齿由一名医生首次发现，然而那时博物学家以为这颗牙齿属于一种巨型蜥蜴——鬣蜥，于是后来禽龙拉丁学名的意思就是"鬣蜥的牙齿"。

快速奔跑

禽龙是巨型恐龙，身长9～10米，高约5米，重4～5吨。这样的"大龙"按理说行动会比较缓慢，但禽龙在遇到危险时却可以跑得很快，奔跑的速度能够达到每小时35千米。

优雅地用餐

禽龙生命中的大部分时间用来找食物和吃食物，它最喜欢吃马尾草、蕨树和苏铁。找到食物后，禽龙会用骨质的喙嘴咬断枝叶，但不着急吞下去，它用嘴巴两侧的细小牙齿将食物慢慢嚼碎，然后再吞咽下去。

长着鸟嘴的鹦鹉嘴龙

想象一下，如果把恐龙的大嘴巴换成像鹦鹉一样的钩状鸟嘴，那会是什么样子？看一看鹦鹉嘴龙吧，它的模样就是最好的答案。

特别的鸟嘴

说起鹦鹉嘴龙，就不得不提它那张特别的鸟嘴。它的嘴巴前面非常坚硬，还像钩子一样向下弯曲，嘴里上下颌两侧各有 7～9 颗颊齿。鹦鹉嘴龙的嘴巴不论形状还是功能，都和现在的鹦鹉嘴十分相似。

进食

柔嫩多汁的植物是鹦鹉嘴龙最喜欢的食物，坚硬的喙嘴可以帮助鹦鹉嘴龙咬断、切碎植物的根茎和果实。食物到嘴里后，它会用牙齿咀嚼食物，但是鹦鹉嘴龙的牙齿并不适合磨碎食物，所以它会吞食一些小石子来帮助消化。只不过这些石子并不是被吞进胃里，它们被储存在砂囊中，就像现在的鸟类一样。

角龙类的祖先

并不是只有鹦鹉嘴龙才有带钩的鸟嘴，原角龙、三角龙等恐龙都有这个特征。古生物学家根据身体特征和生存年代推测，鹦鹉嘴龙也许是其他角龙类的祖先。

极速猎手——恐爪龙

说起恐龙家族最凶猛的恐龙，恐爪龙绝对值得一提。它动作敏捷、头脑聪明，是个不寻常的掠食者。

恐怖的爪子

恐爪龙得名就是因为它脚上恐怖的爪子。恐爪龙的"恐爪"长在它后肢的第二个脚趾上，这个爪子长约 12 厘米，看上去像一把锋利的镰刀，是恐爪龙的主要进攻武器。"恐爪"对恐爪龙来说非常重要，在站立、行走时，恐爪龙都会把"恐爪"翘起来，防止它受到磨损。

短跑能手

恐爪龙的身材纤细，双腿修长有力，十分适合奔跑。它的尾巴粗壮硬挺，可以左右摆动，在快速奔跑时还能像"舵"一样帮恐爪龙保持平衡。科学家们推测，恐爪龙奔跑时的速度可以达到每小时 40 千米。

集体出击

　　恐爪龙有一套独特的捕杀本领，发现猎物后，它会一下子扑上去，举起镰刀般的"恐爪"，配合前肢的利爪，给对方造成致命的伤口。恐爪龙不会单打独斗，它们的体形较小，捕猎时会选择集体出击。面对这样一群凶猛的猎手，被袭击的猎物只能自认倒霉了。

走路慢腾腾的慢龙

慢龙因为不善于奔跑而得名。平时，它总是懒洋洋地缓慢踱着步子，所以古生物学家就给它起了"慢龙"这个名字。

"慢"的原因

慢龙动作之所以慢，是因为它的大腿比小腿长，而且脚掌又短又宽，无法像其他兽脚类恐龙那样快速地奔跑和捕食，即使遭遇了食肉恐龙的追捕，它也只是慢慢地跑几步。

到底吃什么？

慢龙到底吃什么？古生物学家们也不确定。一种观点认为，慢龙喜欢吃蚂蚁，它的爪子可以挖开蚁穴；另一种观点认为慢龙的脚上有脚蹼，这说明它会游泳，也许它主要捕食水里的鱼类。不过这两种观点有人都不同意，他们认为慢龙更喜欢吃植物，因为它的牙齿和嘴巴与食草恐龙的特征相同。

奇怪的恐龙

在古生物学家看来，慢龙非常奇怪。它虽然被归类为蜥脚类恐龙，但是它的身上同时具备了兽脚类、原蜥脚类和鸟臀类恐龙的特征。所以一些科学家提出应该把慢龙单独列为一个恐龙种类。

用四只翅膀滑翔的小盗龙

小盗龙是已知最小的恐龙之一，也是第一群被发现的拥有羽毛和翅膀的恐龙之一。更特别的是，小盗龙竟然拥有 4 只翅膀，怎么样？很神奇吧！

长着 4 只翅膀的小恐龙

小盗龙的个头非常小，成年的小盗龙身长 42 ～ 83 厘米，体重只有大约 1 千克，是最小的恐龙之一。小盗龙全身覆盖着一层厚厚的羽毛，两对翅膀看起来格外显眼，其实这分别是小盗龙的前肢和后肢。利用这两对"翅膀"，小盗龙可以从一棵树"飞"到另一棵树。

在空中滑翔

小盗龙在地面活动时，尾巴和前肢的羽毛会拖在地面，限制它的活动，所以小盗龙大部分时间停留在树上，借助翅膀的力量在空中滑翔。而一旦发现猎物，小盗龙就会"从天而降"，进行攻击。

鸟类猜想

　　古生物学家们曾大胆猜测，鸟类的进化经历过一个四翼阶段，小盗龙的出现在一定程度上印证了这个想法。鸟类祖先用4只翅膀进行滑翔，后来它学会了拍打前肢翅膀，后肢翅膀慢慢退化，最终演化成了后来的鸟类。

恐龙中的好妈妈——慈母龙

很多恐龙不是好妈妈，一般它们把蛋生下来后就不会过问了。但是也有例外，有的恐龙会精心抚养自己的孩子，慈母龙就是最具代表性的成员。

群体在一起

慈母龙体形高大，但是却非常温顺，几乎没有任何武器能抵御肉食恐龙的袭击，所以它们总是成群聚在一起。有时，慈母龙的队伍异常庞大，最多的时候会有上万只慈母龙聚在一起。

迎接宝宝到来

繁殖季节一到，慈母龙就会在地上挖一个大坑，还会铺上些柔软的植物，这就是它为孩子准备的小窝。慈母龙妈妈会在坑里产下 18 ～ 40 枚蛋，然后守在坑旁等待宝宝出生，有时还会用身体为蛋保暖。

宝宝出生后

慈母龙宝宝出生后，会得到父母的精心照顾。慈母龙每天要为孩子寻找几百斤鲜嫩的植物、果实，食物如果太硬，慈母龙会嚼碎后再喂给宝宝。小恐龙会走路后，父母会带着它们活动，并教它们如何生存。

长着大爪子的重爪龙

爪子是恐龙最重要的武器之一，拥有锋利的巨爪就意味着具备了强大的战斗力。在白垩纪时期，有一种恐龙就以锋利的巨爪而闻名，它就是重爪龙。

超级巨爪

1983 年，收藏家威廉·沃克发现了一个巨大的爪子，他被这个大爪子吓了一跳，因为就连恐爪龙的爪子都没有这么大！这个"巨爪"就属于重爪龙。重爪龙的前肢强壮，上面有 3 根有力的爪子，其中拇指上的爪子格外巨大，它的长度超过 30 厘米，重爪龙也因此得名。

头像鳄鱼

重爪龙很特别，它的头扁扁长长的，嘴里还长着上百颗尖细的牙齿。大家仔细瞧一瞧，它的头是不是和鳄鱼有些像呢？

捕鱼能手

重爪龙生活在水边，它喜欢吃鱼，而且还很擅长抓鱼。鳄鱼一样的头、圆锥形的牙齿、钩子一样的巨爪，重爪龙拥有精良的捉鱼"装备"。在一亿年前的白垩纪，丰富的鱼类完全可以满足重爪龙的需求，不过有时重爪龙也会吃些已经死去的恐龙尸体。

全副武装的包头龙

谁是恐龙世界中最会保护自己的成员？答案一定是包头龙。包头龙
名字的意思就是"把头都包裹住的恐龙"。其实何止头部，包头龙的眼睑
上都覆盖着可以活动的甲板。

从头到尾的武装

包头龙不仅身上披着坚硬的"铠甲"，脖子上长着骨
质硬板，就连头上也戴着坚硬的"头盔"，甚至眼睑上也
包裹着骨质甲片。不仅如此，包头龙的身体上还有坚硬的
骨刺，就像一把把匕首，恐吓、阻止敌人不要靠近。

尾巴上的大锤子

除了"铠甲"武装外，包头龙的尾巴更是像粗硬的棍子一样。在尾巴末端，还有一个大骨锤，这个骨锤足有30千克重。受到威胁时，包头龙就会甩动尾巴，用尾锤击打敌人。正是利用这个骨锤，包头龙击倒了许多来犯的食肉恐龙。

它也有弱点

"身穿铠甲，尾持大锤"的包头龙也有弱点吗？当然，包头龙的弱点就是它的肚子！武装到眼睛的包头龙，偏偏把自己的肚子忘记了。包头龙的全身只有腹部没有鳞甲，如果食肉恐龙趁它不备，把它翻转过来，那肚皮朝上的包头龙就有大麻烦了，因为它的肚子根本抵挡不了食肉恐龙利爪的攻击。

威猛的 三角龙

角龙是白垩纪的恐龙大家族，其中三角龙是角龙家族中最负盛名的成员。三角龙一直生活到白垩纪结束，如果不是那场大灾难，相信它能活得更久远。

"长矛"与"盾牌"

"角"是三角龙最引以为豪的武器，它的头上有三只角，一只短角长在鼻尖上，两只长角长在头顶，长度达1米。尖角并不是摆设，它是实心的骨头，具有非常强大的破坏力，是用来进攻的"长矛"。除了"角"，三角龙脖子上还有一个大大的颈盾，和敌人争斗时，颈盾可以像盾牌一样保护它。

我可不好惹！

　　三角龙平时性情很温顺，但也并不好惹。它们常常成群聚在一起，如果遇上食肉恐龙，三角龙就会头朝外形成一个防御圈，把弱小的成员围在中间保护起来。食肉恐龙一般不敢靠近，因为即便是霸王龙，也会害怕三角龙尖而锐利的角。

暴戾的恐龙之王——霸王龙

恐龙家族中最闪耀的"明星"应该就是霸王龙了！它在电影《侏罗纪公园》中有出色的表现，但这位王者的生存年代并不是侏罗纪，而是白垩纪。

动口不动手

霸王龙是白垩纪时期的恐龙之王，它有着巨大的头、血盆大口以及刀锋一样的牙齿。霸王龙的每颗牙齿都有二三十厘米长。即便猎物披着坚硬的盔甲，也抵挡不了这样的利齿。不过，霸王龙的前肢非常短小，和它庞大的身体非常不相称，弱小的前肢甚至无法将食物放进嘴里。因此，霸王龙在捕猎时，全靠嘴巴和牙齿，绝对是"动口不动手"！

跑步，算了吧

跑步可不是霸王龙的长项，它每小时只能走 18 ～ 40 千米。如果一定要快速奔跑的话，霸王龙腿部的肌肉必须承担身体的绝大部分重量，但只靠两条腿根本负担不了。因此，如果猎物不幸被霸王龙盯上，只要跑得足够快，也许还能免于一死。

暴龙家族

霸王龙是暴龙家族的成员，暴龙类算得上是恐龙世界的帝王家族了。恐龙王国最大、最可怕的掠食者大多是暴龙家族的成员，惧龙、特暴龙、魔鬼龙，这些凶猛的"猎手"都来自暴龙家族。

头顶肿起来的肿头龙

你还记得三角龙是怎样决斗的吗？它们会撞击对方的头部，用尖角攻击。其实，肿头龙也会这样做，不过它们没有角，厚厚的头骨就是它们的武器。

"肿"起来的脑袋

肿头龙头盖骨的厚度应该没有任何动物能与之匹敌，厚厚的头骨像一个小山丘，这个"山丘"非常坚硬，厚度达 25 厘米。在圆形的头骨边缘还围着一圈骨质小瘤，像是戴了一顶花冠。肿头龙之间经常用头撞来撞去，不过不用担心，这对它们来说并没有生命危险。

撞击比赛开始了

肿头龙喜欢过群居生活，为了争当首领，雄性肿头龙会用"撞头"的方法一较高下。它们用头相互撞击，并发出"砰砰"的声响，直到一方认输或放弃。最后获胜的肿头龙往往是脑袋最硬、耐力最强的，它会成为整个群体的首领。

共同抗敌

　　肿头龙的脑袋很坚硬，但是这并不足以抵御食肉恐龙的袭击，所以肿头龙遇到危险时，会快速逃跑。如果实在无法逃脱，肿头龙就会齐心协力，将食肉恐龙围起来，摆出一副要狠狠撞击的架势，从而威吓食肉恐龙，让它害怕逃跑。

挥着巨爪的镰刀龙

镰刀龙的模样看上去非常可怕，尤其是那镰刀一样的巨爪，令人们认为它是性情暴烈的食肉恐龙。实际上，镰刀龙并不爱杀生，它是温和的素食恐龙。

镰刀巨爪

看见镰刀龙，你一定会被它的大爪子吓到。镰刀龙的前肢有 3 米长，其中最长的爪子有 75 厘米，比人的手臂还要长。不过这些爪子并不锋利，平时镰刀龙主要用它们来钩取树上的枝叶、挖开白蚁的巢穴。只有在紧急情况下，它才会用巨爪作为自卫武器，威吓敌人。

无法奔跑

　　在恐龙家族中，镰刀龙以模样古怪而著称。它的个子很高，脖子又细又长，脑袋很小，还挺着啤酒肚。更奇怪的是，镰刀龙的大腿腿骨很细，脚板又短又宽，后腿支撑庞大的身体会很费力，但前肢上长长的爪子让它根本无法四脚着地。所以，镰刀龙注定无法快速奔跑，只能慢慢行走。

住在森林

　　镰刀龙的化石是在荒凉寒冷的戈壁滩上发现的，可实际上，镰刀龙是一种生活在温暖、湿润的森林里的恐龙。这是因为地球环境的不断变化，使森林逐渐消失，最后变成了茫茫荒漠。当时，镰刀龙可能会像长颈鹿一样，抬起头吃树木上的叶子。

敏捷的盗贼——伶盗龙

伶盗龙又叫迅猛龙，它们个头并不大，但却是一群行动敏捷的猎手。在食肉恐龙家族，伶盗龙算得上是响当当的"狠角色"了。

羽毛有什么用？

其实，很长一段时间里，都没有证据证明伶盗龙有羽毛，直到古生物学家们在一个伶盗龙化石的前臂上发现了 6 个羽茎瘤，这是鸟类骨头上用来固定羽毛的位置，人们这才明确了伶盗龙有羽毛。古生物学家们认为，伶盗龙的羽毛可能是用来吸引异性的，或在孵蛋时覆盖在蛋巢上，而不是用来飞行的。

超强战斗力

别看伶盗龙的个子小，但是它很聪明，而且有锋利的牙齿和尖锐的爪子，奔跑起来又十分迅速。你想，同时拥有敏捷的身手、有力的武器和聪明的大脑，内外兼备的伶盗龙当然可以算得上是恐龙家族中最完美的猎手了。

它是这样捕食的

伶盗龙捕食时会非常谨慎，它悄悄地潜伏在离猎物近百米的地方，做好冲刺的准备，然后一跃而起，迅速冲向猎物，用锋利的爪子和牙齿将猎物置于死地。

聪明的"恐龙人"——伤齿龙

伤齿龙因为拥有尖锐的锯齿状牙齿而得名。它是所有恐龙中最聪明的，配合锐利的眼睛、灵敏的听觉和善于奔跑的四肢，伤齿龙成为了白垩纪出色的猎手。

聪明的头脑

伤齿龙刚被发现时，人们以为它是一种又呆又笨的恐龙，但经过深入研究，人们发现这个想法大错特错了。伤齿龙的大脑是恐龙中最大的，而且它的感觉器官非常发达，应该是最聪明的恐龙。有些科学家认为它比现在的爬行动物都要聪明。

恐龙人

　　如果没有白垩纪晚期那场巨大的灾难，如果恐龙没有灭绝，那么现在的世界该是什么样？古生物学家戴尔·罗素曾经提出，如果真是这样，伤齿龙会慢慢进化成为代替人类主宰地球的"恐龙人"。

夜间行动

　　伤齿龙的个头不大，所以它选择的猎物也是些小动物。伤齿龙有一双大眼睛，而且眼睛的位置比较靠前，它的视力极好，因此伤齿龙的最佳活动时间也许是在夜晚，那时小动物们已经看不清东西，而伤齿龙却能准确地定位猎物。当猎物还没发现它的时候，伤齿龙的进攻就已经开始了。

头上长角的食肉牛龙

这种恐龙因为喜欢吃肉，而且长得和公牛有几分相似，所以就有了食肉牛龙这个名字。食肉牛龙最特别的地方，是眼睛上方长了两只又短又粗的角，而且两个前肢特别短小，和庞大的身体相比非常不协调。

恐龙头上的"牛犄角"

食肉牛龙被称为"吃肉的公牛"，它看起来的确与牛有几分相似，尤其是大脑袋上的一对角，与牛角非常相像。这个"牛角"不仅是装饰，还是食肉牛龙成年的标志，它们随着食肉牛龙慢慢长大，这对角长到一定程度，食肉牛龙就成年了。

高速运动

食肉牛龙有两条长而强壮的后腿，虽然前肢小得可怜，但是这并不妨碍食肉牛龙快速行动。食肉牛龙是现在已知奔跑速度最快的大型恐龙，速度可达每小时 60 千米，堪称是白垩纪的"猎豹"。不过，如果没有尾巴，食肉牛龙的速度一定没有这么快，它的尾巴长而健壮，起着非常重要的平衡作用。

扑向猎物

食肉牛龙和一头大象差不多高，身体几乎和小轿车一样重，它行动迅速、头大口宽，视力非常好。食肉牛龙可以迅速扑向猎物，在猎物还没反应过来时将它们捕获。

戴着头冠的副栉龙

恐龙家族中，有的恐龙是"光头"，有的恐龙长着角，还有的恐龙戴着"帽子"，副栉（zhì）龙的头上就戴着一顶特别的帽子。

头冠乐器

副栉龙的头上有一个长长的"头冠"，"头冠"向后弯曲，长度可以达到2米。这个奇怪的头冠有什么用呢？原来，这个"头冠"里有细细的通道，空气经过时会发出低沉的声音。这种声音能够穿过浓密的丛林，副栉龙之间就是通过声音进行沟通交流的。

集体防御

副栉龙喜欢过集体生活。它们非常警觉，依靠敏锐的听觉和嗅觉，随时保持警惕。如果发现危险，它们会用头冠发出警报信号。